BEI GRIN MACHT SICH IHR WISSEN BEZAHLT

- Wir veröffentlichen Ihre Hausarbeit, Bachelor- und Masterarbeit

- Ihr eigenes eBook und Buch - weltweit in allen wichtigen Shops

- Verdienen Sie an jedem Verkauf

Jetzt bei www.GRIN.com hochladen und kostenlos publizieren

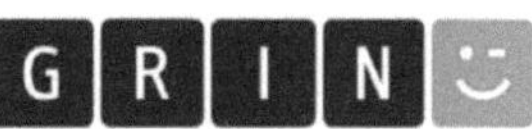

Ernst Probst

Drew Barrymore - Das Mädchen, das "E.T." das Sprechen lehrte

GRIN Verlag

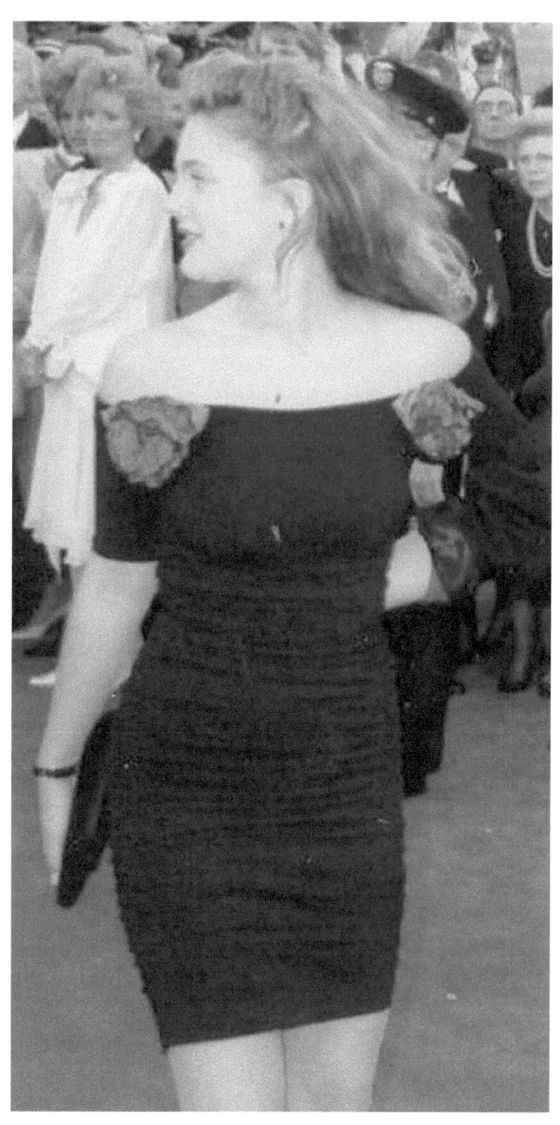

Drew Barrymore im März 1989,
Foto von Alan Light

Ernst Probst

Drew Barrymore

Das Mädchen,
das „E. T." das Sprechen lehrte

Beate Werner,
Bernd Werner,
Marianne Werner,
Otto Werner,
Sonja Werner,
Dr. Jochen Werner,
Christine Werner und
Steffen Werner
gewidmet

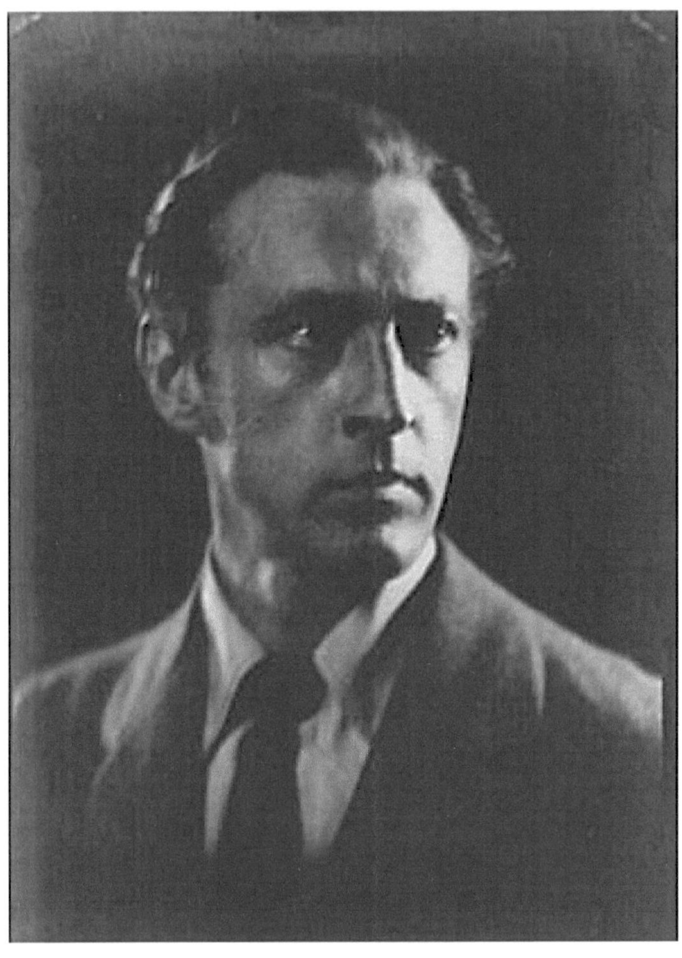

John Barrymore senior (1882–1942),
der Großvater von Drew Barrymore, im Oktober 1922

Drew Barrymore

Das Mädchen, das „E.T." das Sprechen lehrte

Eine der Hauptrollen im erfolgreichsten Film der 1980-er Jahre spielte die siebenjährige Drew Blyth Barrymore. In dem Streifen „E.T. – Der Außerirdische" (1982) des amerikanischen Regisseurs Steven Spielberg lehrte sie als niedliche „Gertie" den kleinen heimwehkranken Außerirdischen „E. T." das Sprechen und gab ihm Küsschen, die die ganze Welt zu Tränen rührten. Spielberg, der auch ihr Patenonkel ist, sagte ihr damals eine große Zukunft voraus.

Drew Blyth Barrymore kam am 22. Februar 1975 als Tochter des Schauspieler-Ehepaares John Drew Barrymore (1932–2004) und Ildikó Jaid Barrymore, geborene Mako, in Culver City (Kalifornien) zur Welt. Ihre beiden Vornamen erhielt sie zur Erinnerung an ihre Urgroßmutter Georgina (1854–1893) mit dem Geburtsnamen Drew und an ihren Urgroßvater Maurice (1849–1905), dessen eigentlicher Nachname Blyth war, den er später in Barrymore abänderte. Ihre Taufpaten waren die Schauspielerinnen Sophia Loren und Anna Strasberg sowie der Filmregisseur Steven Spielberg.

Drew Barrymore stammt aus einer Schauspielerdynastie, die schon seit vier Generationen erfolgreich

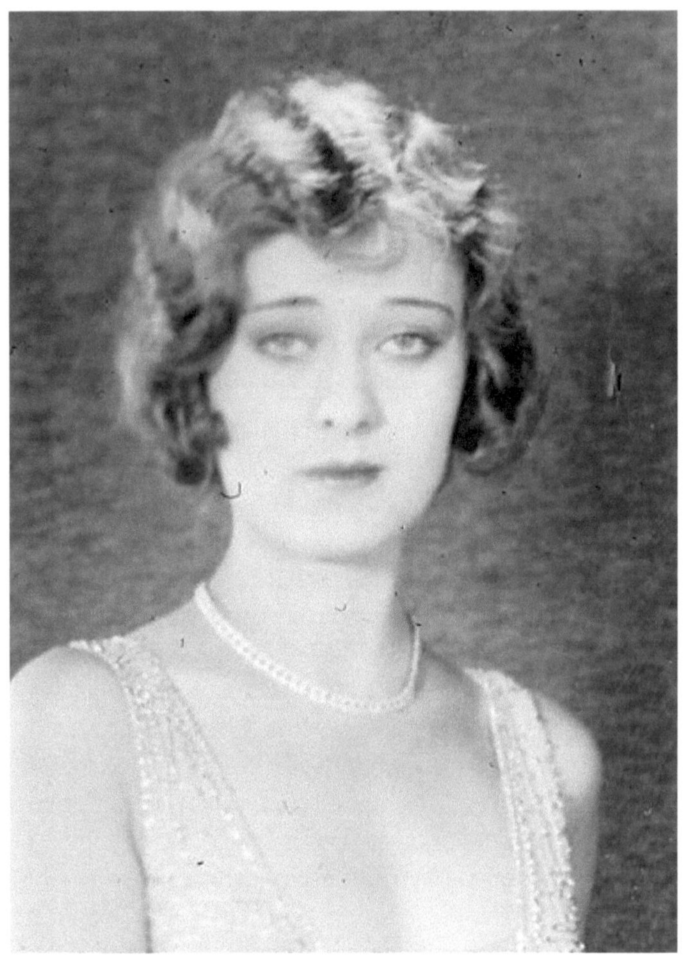

*Dolores Costello (1903–1979),
die Großmutter von Drew Barrymore, im Jahre 1926*

ist. Ihr Großvater John Barrymore senior (1882–1942) wird als „der größte Hamletdarsteller seiner Zeit" gerühmt. Ihre Großmutter Dolores Costello (1903–1979) und ihre Großtante Ethel Barrymore (1879–1959) waren Schauspielerinnen. Die Schauspieler Lionel Barrymore (1878–1954) war ihr Großonkel.

Die Eltern von Drew Barrymore hatten sich in den USA kennengelernt und 1971 geheiratet. Für John Drew Barrymore, der bis 1958 John Blyth Barrymore junior hieß, bevor er seinen zweiten Vornamen änderte, war es bereits die dritte Ehe. Von 1952 bis 1959 war er mit Cara Williams verheiratet. Aus der ersten Ehe ging am 15. Mai 1954 der Sohn John Blyth Barrymore hervor, eines der drei Halbgeschwister von Drew. Von Oktober 1960 bis 1970 dauerte die zweite Ehe von John Drew Barrymore mit Gabriella Palazzoli, aus der die Tochter Blyth Dolores Barrymore stammt.

John Drew Barrymore war noch ein kleines Kind gewesen, als sich seine Eltern John Barrymore senior und Dolores Costello 1935 scheiden ließen. Danach hatte er kaum noch Kontakt zu seinem Vater, der 1936 zum viertenmal heiratete und 1940 erneut geschieden wurde. Sein Vater litt sein ganzes Leben lang unter Alkoholexzessen und trug wegen seiner Darstellung romantischer Helden und wegen seiner zahllosen Affären den Spitznamen „The Great Lover". Seine Mutter schickte ihn später auf die „St. John's Military Academy" und sah ein Studium für ihn vor. Doch der 17-jährige

Barrymore wollte nicht studieren, sondern nahm einen Filmvertrag an. Bald geriet er mit dem Gesetz in Konflikt und saß mehrfach im Gefängnis. Ab Ende der 1950-er bis in die 1960-er Jahre sah man John Drew Barrymore in vielen Hollywoodfilmen und Fernsehproduktionen. Auch als Filmstar war er problematisch. Oft erschien er zu Dreharbeiten zu spät oder gar nicht. Mehrfach stieg er mitten in Filmproduktionen aus. 1976 spielte er mit 44 Jahren in „Baby Blue Marine" seine letzte kleine und unbedeutende Rolle.

Drew Barrymore hatte seit jeher ein gespanntes Verhältnis zu ihrem Vater. Der Grund dafür waren dessen Alkohol- und Drogensucht sowie Gewalttätigkeit. Seine rebellische Natur bereitete ihm sein ganzes Leben lang privat und beruflich Probleme. Für seine vier Kinder aus vier Ehen hatte der Vater selten Zeit.

Die attraktive Mutter von Drew Barrymore wurde 1946 als Tochter eines ungarischen Artisten und einer Violinistin in einem Lager der Alliierten für „Displaces Persons" in Brannenburg in Oberbayern geboren und siedelte später in die USA über. Die Eltern haben sich kurze Zeit vor oder nach der Geburt von Drew wieder getrennt. Die Scheidung der Ehe von John Drew Barrymore mit Ildikó Jaid Mako erfolgte aber erst 1984. Bereits im Alter von elf Monaten sah man Drew Barrymore in einem Werbespot für „Puppy Choice"-Hundefutter. Zwei Jahre später trat sie im Fernsehfilm „Suddenly, Love" an der Seite von Joan Bennett auf.

Als Fünfjährige wirkte sie in dem Sciencefiction-Thriller „Altered States" („Höllentrip", 1980) mit.

Mit sieben Jahren rührte Drew Barrymore – wie erwähnt – in dem Streifen „E.T. The Extra Terrestrial" („E.T. – Der Außerirdische", 1982) die Herzen von Kinobesuchern/innen in aller Welt. Nach den Dreharbeiten fiel dem Regisseur Steven Spielberg der Abschied von ihr schwer. Angeblich wurde damals sein Wunsch geweckt, eigene Kinder zu haben. Für ihre Mitwirkung in „E.T. – Der Außerirdische" erhielt Drew 1983 einen „Young Artist Award". Mit sieben galt sie als der bis dahin jüngste Star in der Comedy-Show „Saturday Night Love", wo sie einen Sketch zeigte.

In dem Film „Firestarter" („Der Feuerteufel", 1984) zündete Drew Barrymore alles an, was ihr oder ihrem Vater gefährlich werden konnte. In „Irreconcilable Differences" („Triple Trouble", 1984) ging sie vor Gericht, um sich von ihren Eltern scheiden zu lassen. In diesem Streifen spielte auch ihre gutaussehende Mutter Jaid Barrymore mit, die ab den 1980-er Jahren als Schauspielerin aktiv wurde, aber nie so erfolgreich wie ihre Tochter war. „Triple Trouble" brachte Drew einen „Golden Globe" ein.

1985 wagte John Drew Barrymore, der Vater von Drew, seine vierte Ehe mit Nina Wayne. Mit ihr zeugte er die Tochter Brahma (Jessica) Blyth Barrymore. 1994 endete auch diese Ehe mit der Scheidung.

Foto auf Seite 13:

*Drew Barrymore im Alter von neun Jahren
an der Seite des amerikanischen Präsidenten
Ronald Reagan (1911–2004)
beim Start des „Young Astronauts Program"
am 17. Oktober 1984*

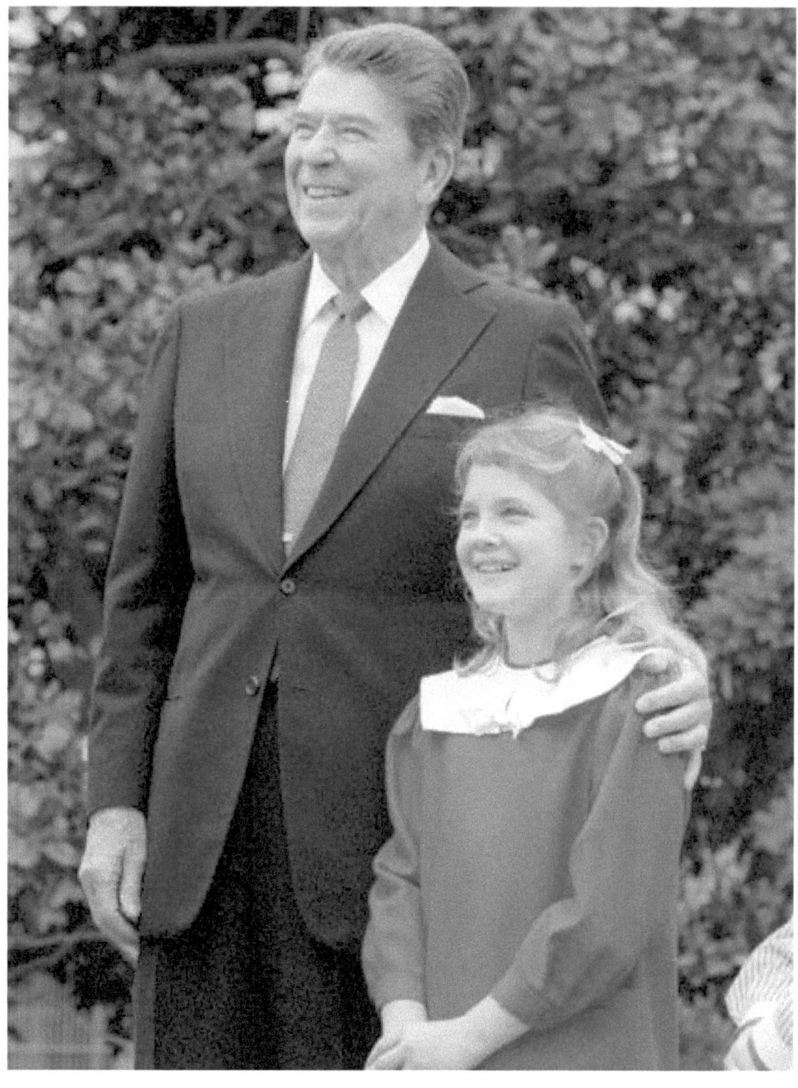

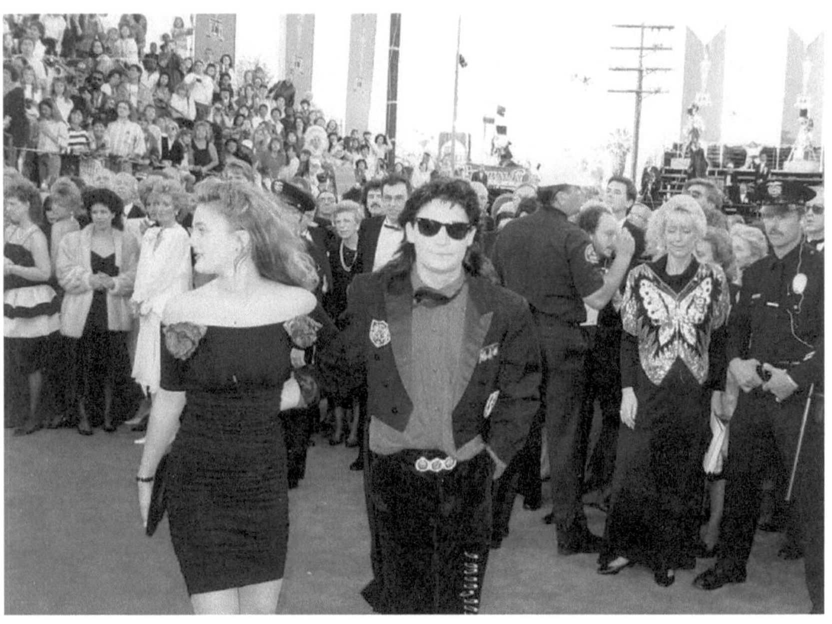

*Drew Barrymore und Cory Feldman
am 29. März 1989 bei der 61. „Oscar"-Verleihung,
Foto von Alan Light*

Der schnelle Ruhm auf der Kinoleinwand hatte negative Folgen für Drew Barrymore. Mit neun Jahren betrank sie sich erstmals auf einer Geburtstagsparty von Rob Lowe, mit zehn rauchte sie ihren ersten Joint und mit zwölf griff sie zu Kokain. Im Alter von 13 Jahren wurde ihr der Umgang mit dem fast 20 Jahre älteren und aufdringlichen Filmstar Bruce Willis verboten. Ebenfalls mit 13 fand sie das Leben zum Heulen und erklärte, sie hasse Hollywood. Als 14-Jährige unternahm sie einen Selbstmordversuch und schrieb sie ihre Autobiografie „Little Girl Lost", die 1990 erschien.

Nach ihrer Entlassung aus der psychiatrischen Klinik sowie überstandenen Alkohol- und Drogenproblemen lebte Drew Barrymore zunächst bei verschiedenen Pflegefamilien. Dank ihrer finanziellen Mittel konnte sie sich bereits mit 15 Jahren eine eigene Wohnung leisten. Damals stagnierte ihre schauspielerische Karriere eine Zeitlang.

Im Alter von 16 Jahren verlobte sich Drew Barrymore zum ersten und nicht zum letzten Mal. Ihr erster Verlobter war einige Monate lang Leland Hayward, der Enkel des gleichnamigen Schauspielers, Schauspieleragenten und Filmproduzenten Leland Hayward (1902–1971).

Als hübsche, jedoch böse Nymphe feierte Drew Barrymore in „Poison Ivy" („Die tödliche Umarmung", 1992) ein eindrucksvolles Comeback auf der Kinoleinwand. Im selben Jahr erhielt sie für ihre Rolle als

Anita in „Guncrazy" (1992) den „Golden Globe" als beste Schauspielerin. Auch in diesem Streifen wirkte ihre Mutter Jaid Barrymore mit. Insgesamt drehte Drew 1992 sieben Filme.

Drew Barrymore wurde mit 17 Jahren die Patentante der am 18. August 1992 geborenen Frances Bean Cobain. Deren Eltern sind Kurt Cobain (1967–1994), der Sänger und Gitarrist der Band „Nirwana", sowie die Rocksängerin, Gitarristin, Lieder-schreiberin und Schauspielerin Courtney Love, die oft durch Skandale und obszöne Aktionen für Aufsehen sorgte.

Als 17-Jährige präsentierte sich die attraktive Drew Barrymore hüllenlos für das Cover des Magazins „Interview". Noch wenige Jahre zuvor hatte sie es gehasst, angestarrt zu werden, als ob sie von einem anderen Stern käme. 1993 sah man sie in „The Amy Fischer Story".

Ungewöhnlich kurz währte die erste Ehe von Drew Barrymore. Die 19-Jährige heiratete am 20. März 1994 den walisischen Barbesitzer Jeremy Thomas, trennte sich aber bereits nach rund einem Monat am 29. April 1994 wieder von ihm.

Während der 1990-er Jahre avancierte die 1,63 Meter große Drew Barrymore zu einem Sexsymbol. In der Januar-Ausgabe des Herrenmagazins „Playboy" von 1995 erregte sie mit Nacktaufnahmen großes Aufsehen. Daraufhin schenkte ihr der Filmregisseur und Patenonkel Steven Spielberg zum 20. Geburtstag eine

Quilt-Decke und eine Glückwunschkarte, auf die er „Cover yourself up" („Bedecke Dich") schrieb. Außerdem legte er eine retuschierte Ausgabe des „Playboy" bei, in der die nackte Haut von Drew kunstvoll mit züchtiger Kleidung übermalt worden war.

1995 sorgte Drew Barrymore als 20-Jährige durch einen freizügigen Geburtstagstanz im Fernsehen für den amerikanischen Talkshowpapst David Letterman, der einen Blick in ihr Dekolleté werfen durfte, für Furore. Die Schauspielerin mit dem natürlichen Hang zum Exhibitionismus trat auch schon mal spontan in einem Striptease-Club in New York City auf.

Im September 1995 erregte die Mutter von Drew Barrymore großes Aufsehen in den USA. Jaid Barrymore ließ sich damals für die US-Ausgabe des „Playboy" fotografieren. Acht Monate, nachdem ihre Tochter Drew hüllenlos für das Männermagazin posiert hatte, erschien nun die Mutter auf dem Cover.

Dass Drew Barrymore auch eine ernst zu nehmende Schauspielerin ist, bewies sie in dem Frauen-Roadmovie „Boys on the Side" („Kaffee, Milch und Zucker", 1995). Der Film handelte von drei grundverschiedenen Frauen, deren Freundschaft zueinander durch Konflikte und Krankheit auf die Probe gestellt wird.

Ebenfalls 1995 wirkte Drew Barrymore in den Streifen „Mad Love" („Volle Leidenschaft") und als Sugar in „Batman Forever" mit. 1996 sah man sie im ersten Filmmusical von Woody Allen mit dem Titel „Everyone

Says I Love You" („Alle sagen – I love you") und in dem Horror-Streifen „Scream – Schrei!".

Im Frühjahr 1997 trat Drew Barrymore als Sprecherin der Frauengesundheitsorganisation auf, die Mädchen und Frauen über Möglichkeiten der Schwangerschaftsverhütung und der Vorbeugung von Geschlechtskrankheiten informierte. Dabei warb sie in einer Anzeige für das Frauenkondom.

Ihre erste Millionengage erhielt Drew Barrymore für ihre Rolle in dem Film „The Wedding Singer" („Eine Hochzeit zum Verlieben", 1998) mit Adam Sandler. Bei der Filmkomödie „Never Been Kissed" („Ungeküsst", 1999) hatte sie nicht nur die weibliche Hauptrolle als Journalistin Josie Geller, sondern wirkte auch hinter den Kulissen als Produzentin ihrer Firma „Flower Films" mit. Andere Filmproduktionen folgten.

Einen großen finanziellen Erfolg hatte Drew Barrymore mit der Actionskomödie „Charlie's Angels" („3 Engel für Charlie", 2000). Darin spielte sie neben Cameron Diaz und Lucy Liu eine der Hauptrollen. Dieser Film mit Produktionskosten von etwa 92 Millionen US-Dollar spülte weltweit 264 Millionen US-Dollar in die Kinokassen. Drew erhielt für ihre Rolle als Dylan Sanders eine Gage von neun Millionen US-Dollar.

Weniger Glück hatte Drew Barrymore in ihrem Privatleben. Ihre zweite Ehe, die sie im Alter von 26 Jahren im Juli 2001 mit dem Komiker und Schauspieler Tom Green schloss, war wie die erste nicht von langer

Dauer. Sie trennte sich schon nach einem knappen halben Jahr im Dezember 2001 wieder von Green. Diese Ehe endete am 15. Oktober 2002 offiziell mit der Scheidung.

Auch beruflich lief nicht immer alles bestens für Drew Barrymore. Für ihren Auftritt in „Freddy Got Fingered" (2001) wurde sie erstmals als schlechteste Nebendarstellerin nominiert. Zwei Jahre später nominierte man sie als schlechteste Schauspielerin in „Duplex" („Der Appartement Schreck", 2003) für eine „Goldene Himbeere".

Von 2002 bis 2007 war Drew Barrymore mit dem Musiker Fabrizio Moretti zusammen. Er ist der Sohn eines Italieners und einer Brasilianerin und Drummer der Rockband „The Strokes". Angeblich soll er Drew einen Heiratsantrag gemacht haben.

Über eine weitere Gage von 14 Millionen US-Dollar konnte sich Drew Barrymore für die Fortsetzung „Charlie's angels – Full Throttle" („3 Engel für Charlie – Volle Power", 2003) freuen. 2007 nahm sie mit einer Gagenforderung von schätzungsweise zehn bis zwölf Millionen US-Dollar pro Film den achten Platz unter den am besten bezahlten Hollywood-Schauspielerinnen ein.

Zu den vielen Ehren, die Drew Barrymore erfahren hat, kam am 3. Februar 2004 eine weitere Auszeichnung hinzu: Sie wurde auf dem „Hollywood Walk of Fame" mit einem Stern verewigt.

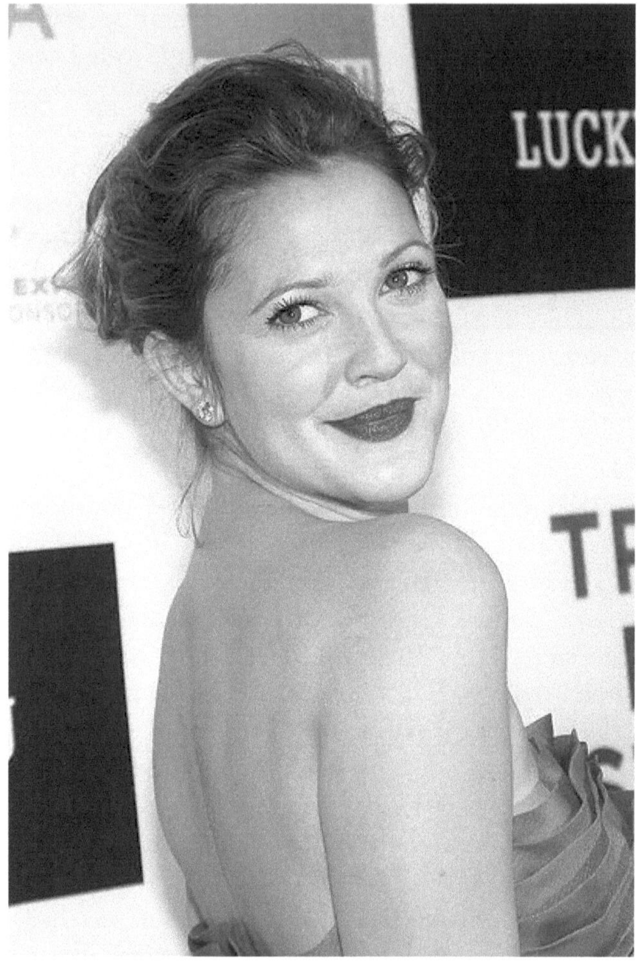

*Drew Barrymore 2007 bei der Premiere von „Lucky You",
Foto von User „Aloverforme" bei „Wikipedia"*

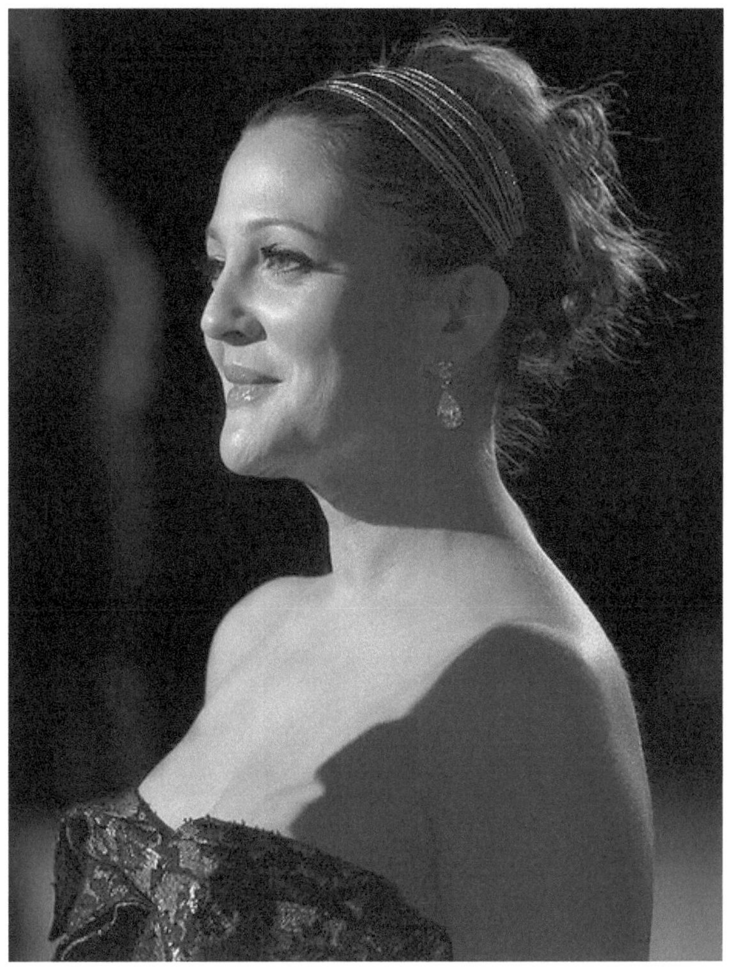

Drew Barrymore 2007 bei der Premiere von „Music & Lyrics"
in London, Foto von Caroline Bonarde Ucci

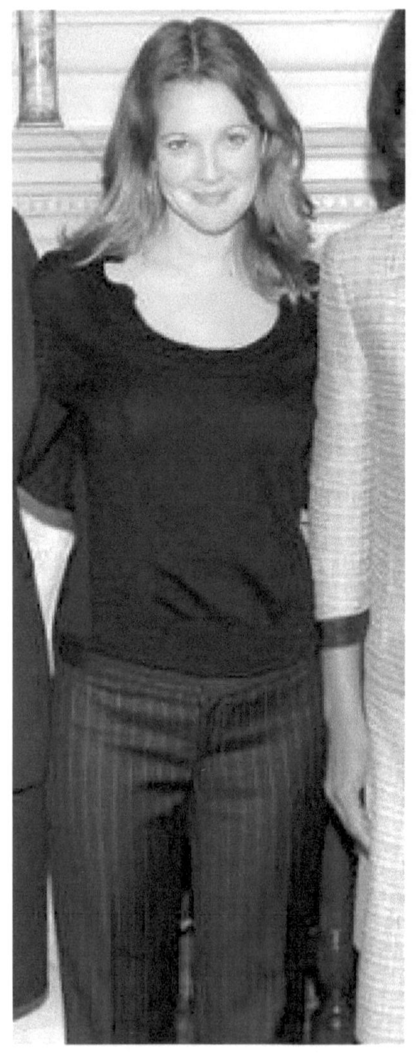

*Drew Barrymore
im Mai 2007
bei einem Termin
als Botschafterin
für das
Welternährungsprogramm
der Vereinten Natione
(„World Food Programme"),
Foto von Michael Gross*

Am 29. November 2004 starb John Drew Barrymore, der Vater von Drew Barrymore, im Alter von 72 Jahren in Los Angeles. Er hatte sich eines Tages nach zahlreichen Kino- und Fernsehfilmen sowie TV-Serien vom Rampenlicht verabschiedet. Dann zog er in die Wüste und lebte dort wie ein Einsiedler. In seinen letzten Lebensjahren war er sehr hager sowie oft körperlich und seelisch krank. Zuletzt war er sogar an den Rollstuhl gefesselt. Nach seinem Tod bezeichnete ihn Drew Barrymore als „Cool Cat". Obwohl sie sehr schlechte Erinnerungen an ihn hatte, bat Drew aber alle Freunde ihres Vaters, zu lächeln, wenn sie an ihn dachten.

Aus erfreulichem Anlass zierte Drew Barrymore am 27. April 2007 das Titelblatt des US-Magazins „People": Man hatte sie auf den ersten Platz der Liste der schönsten Menschen der Welt gewählt.

Von November 2007 bis 2010 war Drew Barrymore mit dem Schauspieler Justin Long liiert. Die Nachrichten über diese Verbindung sind etwas widersprüchlich. Das Paar soll sich bereits im Juli 2008 getrennt haben, aber im Frühjahr 2009, als Barrymore und Long bei den Dreharbeiten für den Film „Er steht einfach nicht auf Dich" auftraten, gerüchteweise wieder liiert gewesen sein, was aber offiziell dementiert wurde.

Für ihre Schwierigkeiten, dauerhafte Beziehungen einzugehen, machte Drew Barrymore ihren verstorbenen Vater John Drew Barrymore verantwortlich. Weil dieser

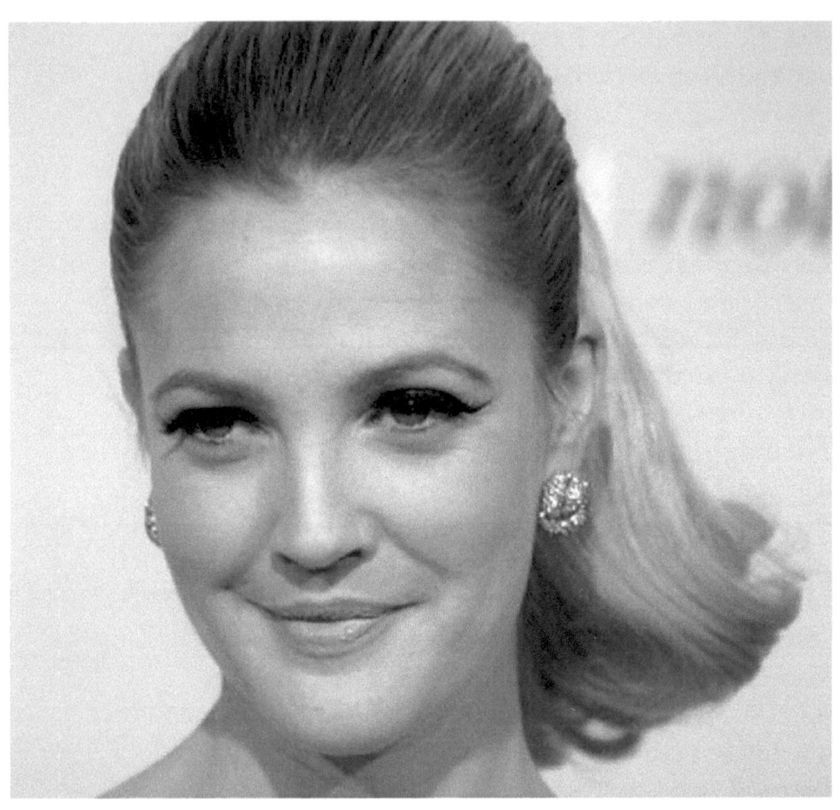

*Drew Barrymore im Februar 2009
bei der Premiere von „He's just not that into you",
Foto von Angela George*

während ihrer Kindheit nie anwesend war, habe sie Verlustängste entwickelt.

Positive Schlagzeilen erntete Drew Barrymore für ihr humanitäres Engagement. 2008 beispielsweise spendete sie eine Million US-Dollar für das Welternährungsprogramm der Vereinten Nationen („World Food Programme"). Für dieses Programm betätigte sie sich auch als Botschafterin.

So manches Zitat aus dem Mund von Drew Barrymore zeugt von ihrer Schlagfertigkeit. Von ihr stammt beispielsweise der Ausspruch: „Jeder muss selbst mal auf die Herdplatte fassen, um zu sehen, wie heiß sie ist".

Viel Lob von den Kritikern heimste Drew Barrymore 2009 für ihre Rolle einer exentrischen Verwandten von Jacqueline Kennedy Onassis (1929–1994) in dem Fernsehfilm „Grey Gardens" ein. Dafür erhielt sie ihre erste „Emmy"-Nominierung als Schauspielerin und erstmals den „Golden Globe".

Positiv beurteilt wurde auch die erste Regie-Arbeit von Drew Barrymore im Film „Roller Girl" (Originaltitel „Whip it") von 2009. Dabei ging es um ein 17-jähriges Mädchen in der texanischen Provinz, das von Ellen Page dargestellt wurde. Drew hatte in diesem Streifen, der 2011 in die deutschen Kinos kam, eine Nebenrolle.

Seit Februar 2011 ist Drew Barrymore mit dem Kunstberater Will Kopelman zusammen. Er ist der Sohn von

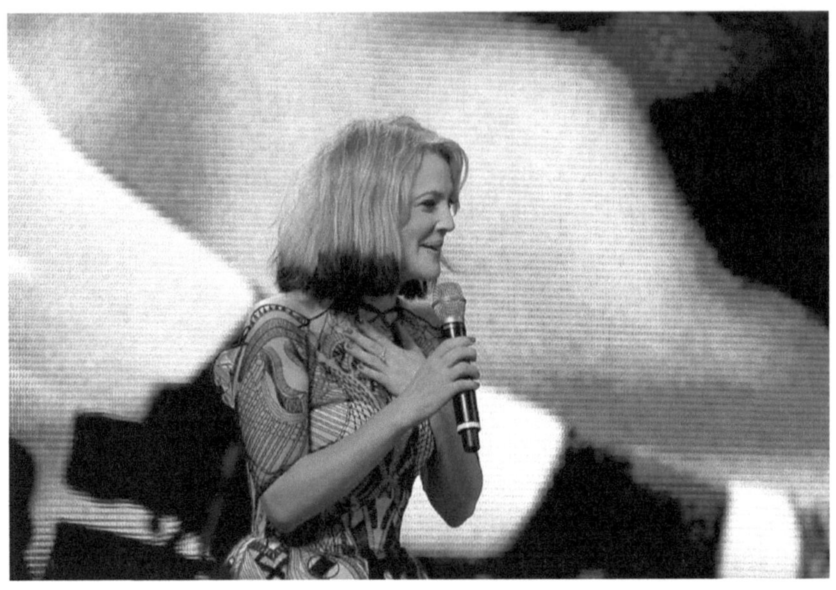

*Drew Barrymore am 13. September 2009
beim „Toronto International Film Festival",
Foto von Josh Jensen*

Arie Kopelman, des ehemaligen Chefs des Pariser Modehauses „Chanel". Will machte Drew über Weihnachten 2011 in Sun Valley (Idaho) einen Heiratsantrag und schenkte ihr zur Verlobung einen Diamantring des Juweliers Graff. Am 2. Juni 2012 heiratete die 37-jährige Drew Barrymore den 34 Jahre alten Will Kopelman. Die jüdische Zeremonie fand im Garten der Villa von Drew in Montecito (Kalifornien) statt. Dabei trug die schwangere Drew ein Brautkleid, das von dem Modedesigner Karl Lagerfeld persönlich entworfen worden war.

Gute Kritiken erhielt der Film „Big Miracle" („Der Ruf der Wale", 2012), in dem Drew Barrymore die weibliche Hauptrolle spielte. Dabei handelt es sich um ein Drama über die Rettung von Grauwalen im Nordmeer. Dieser Streifen fußt auf einer wahren Begebenheit, die in dem Buch „Freeing the Whales" (1989) von ‚Tom Rose geschildert wird. Die „Deutsche Film- und Medienbewertung" zeichnete den Film mit dem Prädikat „wertvoll" aus.

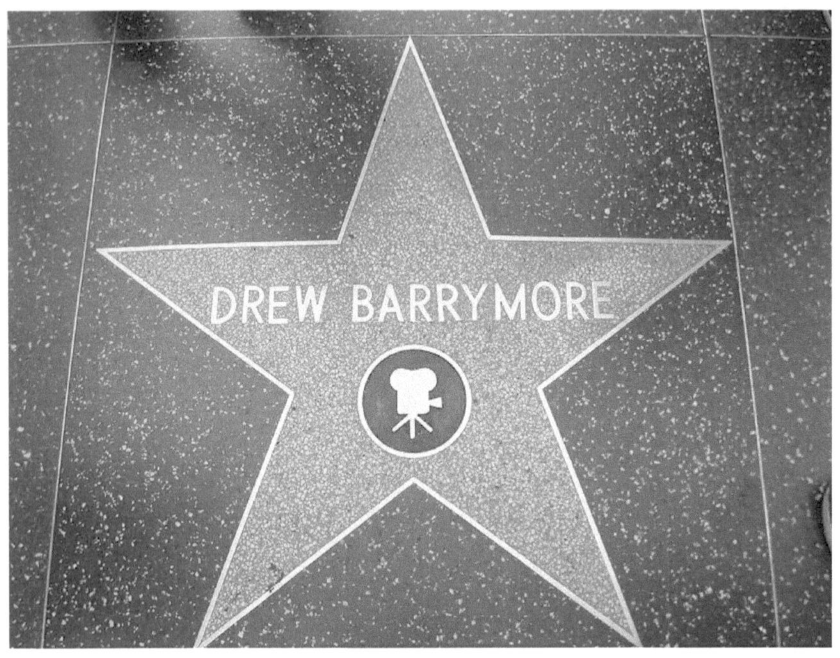

*Stern für Drew Barrymore
auf dem „Hollywood Walk of Fame"*

Filme von Drew Barrymore

(Auswahl)

1978: Plötzlich Liebe (Suddenly, Love, Fernsehfilm)
1980: Drehgestell (Bogie, Fernsehfilm)
1980: Der Höllentrip (Altered States)
1982: E.T. – Der Außerirdische (E.T. The Extra-Terrestrial)
1984: Der Feuerteufel (Firestarter)
1984: Triple Trouble (Irreconcilable Differences)
1985: Katzenauge (Cat's Eye)
1985: Star Fairies (Fernsehfilm)
1986: Abenteuer im Spielzeugland (Babes in Toyland, Fernsehfilm)
1987: A Conspiracy of Love (Fernsehfilm)
1989: Zweites Glück (See You in the Morning)
1989: Wilder Sand (Far from Home)
1991: Motorama
1992: Poison Ivy – Die tödliche Umarmung (Poison Ivy)
1992: Spaceshift
1992: Gun Crazy – Junge Killer (Guncrazy)
1992: Colors of Crime (Fernsehfilm)
1992: 2000 Malibu Road (Fernseh-Miniserie)
1993: Doppelgänger

1993: Amy Fisher – Tödliche Lolita (Fernsehfilm)
1993: Cold Heart – Der beste Bulle von L.A.
1993: Wayne's World 2
1994: Inside the Goldmine
1994: Bad Girls
1995: Kaffee, Milch und Zucker (Boys on the Side)
1995: Mad Love – Volle Leidenschaft (Mad Love)
1995: Batman Forever
1996: Alle sagen – I love you (Everyone Says I Love You)
1996: Wishful Thinking
1996: Scream – Schrei! (Scream)
1997: Bloody Wedding – Die Braut muss warten
1998: Eine Hochzeit zum Verlieben (The Wedding Singer)
1998: Auf immer und ewig (Ever After: A Cinderella Story)
1998: Verliebt in Sally (Home Fries)
1999: Ungeküsst (Never Been Kissed)
1999: Olive, the Other Reindeer (Fernsehfilm)
2000: Mittendrin und voll dabei (Skipped Parts)
2000: Titan A.E.
2000: 3 Engel für Charlie (Charlie's Angels)
2001: Donnie Darko – Fürchte die Dunkelheit
2001: Freddy Got Fingered
2001: Unterwegs mit Jungs (Riding in Cars with Boys)
2002: Geständnisse – Confessions of a Dangerous Mind (Confessions of a Dangerous Mind)

2003: 3 Engel für Charlie – Volle Power (Charlie's
Angels: Full Throttle)
2003: Der Appartement Schreck (Duplex)
2004: 50 erste Dates (50 First Dates)
2005: Ein Mann für eine Saison (Fever Pitch)
2006: Coco – Der neugierige Affe
2007: Mitten ins Herz – Ein Song für Dich (Music
and Lyrics)
2007: Glück im Spiel (Lucky You)
2008: Beverly Hills Chihuahua (Sprechrolle)
2009: Er steht einfach nicht auf Dich (He's just not
that into you)
2009: Die exzentrischen Cousinen der First Lady
(Grey Gardens, Fernsehfilm)
2009: Roller Girl – Manchmal ist die schiefe Bahn der
richtige Weg (Whip it) (Regisseurin)
2009: Everybody's Fine
2010: Verrückt nach dir (Going the Distance)
2012: Der Ruf der Wale (Big Miracle)

Quelle: Wikipedia und Internet Movie Database

Literatur

BARRYMORE, Drew: Little Girl Lost, 1991
FEMBIO Frauen-Biographie-Forschung
http://www.fembio.org
INTERNET MOVIE DATABASE
(Film-Datenbank)
http://www.imdb.com
PROBST, Ernst: Superfrauen 7 – Film und Theater,
Mainz-Kostheim 2001
PROBST, Ernst: Königinnen des Films, München 2012
PUBLIKUMSLIEBLINGE NICHT NUR VON
GESTERN http://www.steffi-line.de
Internetseite von Stephanie D'heil, Düsseldorf
WIKIPEDIA (Online-Lexikon)
http://wikipedia.org
WINNERT, Derek (Herausgeber): Theda Bara. Aus:
Kino. Die große Welt der Filme und Stars, S. 61, Nie-
dernhausen 1995

Bildquellen

Klaus Benz, Fotograf, Mainz-Laubenheim: 38

Library of Congress, Prints and Photographs Division, Washington (Foto von Arnold Genthe (1869–1942) vom 3. Oktober 1922, Reproduction Number: LC.G401-3766-003): 6

Library of Congress, Prints and Photographs Division, George Grantham Bain Collection, Washington (Foto des Bain News Service vom Juni 1926, digitale ID ggbain.39244): 8

Aloverforme / CC-BY-SA3.0: 20 (via Wikimedia Commons), Lizenz: gemeinfrei (Public domain)

C25211-21 (Foto eines Mitarbeiters des Executive Office des Präsidenten der Vereinigten Staaten, das während seiner Amtsgeschäfte aufgenommen wurde) http://www.reagan.utexas.edu/archives/photographs/vips.html: 13 (via Wikimedia Commons), Lizenz: gemeinfrei (Public domain)

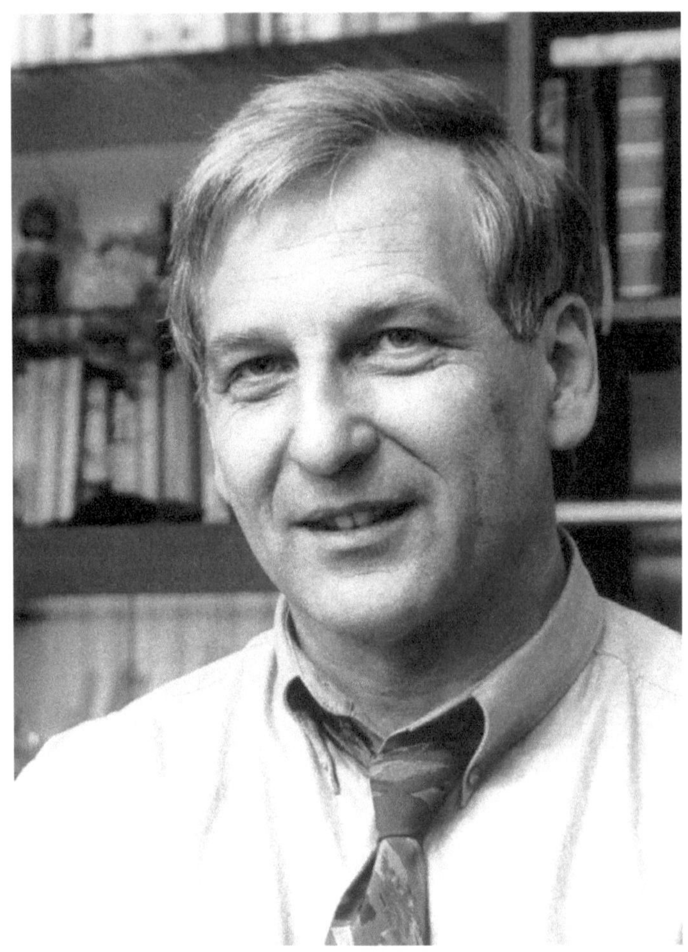

Autor Ernst Probst

Der Autor Ernst Probst

Ernst Probst, geboren am 20. Januar 1946 in Neunburg vorm Wald im bayerischen Regierungsbezirk Oberpfalz, ist Journalist und Wissenschaftsautor. Er arbeitete von 1968 bis 1971 als Redakteur bei den „Nürnberger Nachrichten", von 1971 bis 1973 in der Zentralredaktion des „Ring Nordbayerischer Tageszeitungen" in Bayreuth und von 1973 bis 2001 bei der „Allgemeinen Zeitung", Mainz. In seiner Freizeit schrieb er Artikel für die „Frankfurter Allgemeine Zeitung", „Süddeutsche Zeitung", „Die Welt", „Frankfurter Rundschau", „Neue Zürcher Zeitung", „Tages-Anzeiger", Zürich, „Salzburger Nachrichten", „Die Zeit", „Rheinischer Merkur", „Deutsches Allgemeines Sonntagsblatt", „bild der wissenschaft", „kosmos", „Deutsche Presse-Agentur" (dpa), „Associated Press" (AP) und den „Deutschen Forschungsdienst" (df). Aus seiner Feder stammen die Bücher „Deutschland in der Urzeit" (1986), „Deutschland in der Steinzeit" (1991) und „Deutschland in der Bronzezeit" (1996). Von 2001 bis 2006 betätigte sich Ernst Probst als Buchverleger sowie zeitweise als internationaler Fossilienhändler und Antiquitätenhändler. Insgesamt veröffentlichte er rund 200 Bücher, Taschenbücher, Broschüren und E-Books.

Bücher von Ernst Probst

(Auswahl)

Als Mainz noch nicht am Rhein lag

Annie Oakley
Die Meisterschützin des Wilden Westens

Archaeopteryx. Der Urvogel
aus Bayern

Christl-Marie Schultes. Die erste Fliegerin in Bayern
(zusammen mit Theo Lederer)

Cortés und Malinche. Der spanische Eroberer
und seine indianische Geliebte

Der Europäische Jaguar

Der Mosbacher Löwe
Die riesige Raubkatze aus Wiesbaden

Der Rhein-Elefant
Das Schreckenstier von Eppelsheim

Eiszeitliche Leoparden in Deutschland

Frauen im Weltall

Hildegard von Bingen. Die deutsche Prophetin

Höhlenlöwen. Raubkatzen
im Eiszeitalter

Julchen Blasius
Die Räuberbraut des Schinderhannes

Katharina II. die Große.
Die Deutsche auf dem Zarenthron

Johann Jakob Kaup
Der große Naturforscher aus Darmstadt

Königinnen der Lüfte in Deutschland

Königinnen der Lüfte in Europa

Königinnen der Lüfte in Amerika

Königinnen der Lüfte von A bis Z

Rund 70 Kurzbiografien berühmter Fliegerinnen, Ballonfahrerinnen, Luftschifferinnen, Fallschirmspringerinnen, Astronautinnen und Kosmonautinnen

Königinnen des Films

Königinnen des Tanzes

Königinnen des Theaters

Malende Superfrauen

Meine Worte sind wie die Sterne

Die Entstehung der Rede des Häuptlings Seattle
(zusammen mit Sonja Probst)

Monstern auf der Spur
Wie die Sagen über Drachen, Riesen
und Einhörner entstanden

Neues vom Ur-Rhein
Interview mit dem Geologen und Paläontologen
Dr. Jens Sommer

Österreich in der Frühbronzezeit

Österreich in der Mittelbronzezeit

Österreich in der Spätbronzezeit

Pompadour und Dubarry. Die Mätressen
von Louis XV.

Raub-Dinosaurier von A bis Z.
Mit Zeichnungen von Dmitry Bogdanav
und Nobu Tamura

Rekorde der Urmenschen
Erfindungen, Kunst und Religion

Rekorde der Urzeit
Landschaften, Pflanzen und Tiere

Säbelzahnkatzen. Von Machairodus
bis zu Smilodon

Säbelzahntiger am Ur-Rhein. Machairodus
und Paramachairodus

Superfrauen aus dem Wilden Westen

Superfrauen 1 – Geschichte

Superfrauen 2 – Religion

Superfrauen 3 – Politik

Superfrauen 4 – Wirtschaft und Verkehr

Superfrauen 5 – Wissenschaft

Superfrauen 6 – Medizin

Superfrauen 7 – Film und Theater

Superfrauen 8 – Literatur

Superfrauen 9 – Malerei und Fotografie

Superfrauen 10 – Musik und Tanz

Superfrauen 11 – Feminismus und Familie

Superfrauen 12 – Sport

Superfrauen 13 – Mode und Kosmetik

Superfrauen 14 – Medien und Astrologie

Tony und Bruno Werntgen. Zwei Leben für die Luftfahrt
(zusammen mit Paul Wirtz)

Was ist ein Menhir?
Interview mit dem Mainzer Archäologen
Dr. Detert Zylmann

Weisheiten der Indianer

Wer ist der kleinste Dinosaurier?
Interviews mit dem Wissenschaftsautor Ernst Probst

Wer war der Stammvater der Insekten?
Interview mit dem Stuttgarter Biologen
und Paläontologen Dr. Günther Bechly

Zenobia von Palmyra.
Eine Frau kämpft gegen die Römer

Bestellungen bei: http://www.grin.com